Das Leben reimt sich nicht

Frauengedichte

Margot Käßmann (Hg.)

Das Leben reimt sich nicht

Frauengedichte

Mit Bildern von
Panka Chirer-Geyer

HERDER

FREIBURG · BASEL · WIEN

Inhalt

Solange noch Liebesbriefe eintreffen

Leben und lieben

Den eigenen Weg bahnen

Weitergehen

Wirf deine Angst in die Luft

Mut haben, sich einbringen

Genährt und erwartet

Mütterlich sein

Mit zwanzig wusste man ziemlich genau

Mit Erfahrung älter werden

Gott, wo bist du?

Sehnsucht nach Mehr

Vorwort

Wenn das Leben uns die Sprache verschlägt, sind es oft Worte anderer, die für uns Sprache finden. Für mich sind das immer wieder biblische Texte gewesen oder auch Gebete. »In Gottes Hand gehalten« heißt ein Band mit Frauengebeten, den Gabriele Hartlieb und ich 2011 herausgegeben haben[1]: Gebete von Frauen in der Tradition unseres Glaubens, Gebete von Theologinnen unserer Zeit, aber auch Gebete von Frauen aus unserem persönlichen Umfeld. Viele fanden diese Gebete anregend und hilfreich.

Und so entstand in der Folge die Idee, einen Band mit Frauengedichten anzuschließen. Manche, die davon hörten, haben gefragt: *von* Frauen oder *für* Frauen? Wir haben entschieden: *Von* Frauen – für alle, die diese Gedichte als Anregung wahrnehmen und mit der Erfahrung etwas anfangen können, die zum Titel dieses Buches geführt hat: »Das Leben reimt sich nicht«, es fügt sich nicht immer im Wohlklang zusammen.

Frauen haben einen eigenen und vielleicht anderen Blickwinkel, was etwa die Liebe betrifft, Muttersein und Mütterlichkeit oder das Älterwerden. Und nach

---

[1] Margot Käßmann (Hg.), In Gottes Hand gehalten: Frauengebete, Freiburg 2011.

wie vor werden Dichterinnen weniger rezipiert als Dichter; eine große Poetin wie Hilde Domin etwa wurde erst nach ihrem Tod wirklich gewürdigt. Darum wollten wir ihnen den Platz eines ganzen Buches einräumen.
Vermutlich werden sich vor allem Frauen dafür interessieren – aber sicher werden auch Männer die Gedichte von Frauen gern lesen, aufnehmen, reflektieren, mitdenken.

Überlegt haben wir auch: Wollen wir selbst es wagen, Gedichte zu schreiben und auch andere Frauen aus unserem Umfeld um Gedichte zu bitten? Es hat sich gezeigt: Ist es schon schwer, ein Gebet zu formulieren, so ist doch ein Gedicht eine ganz besondere Herausforderung. Ich bewundere Frauen, die die Gabe und die Geduld haben, Gedichte zu verfassen. Das geschieht nicht nebenher, sondern ist ein besonderer kreativer Akt. Jedes Wort will abgewogen sein. So sind in diesem Band nur bereits veröffentlichte Texte versammelt, überwiegend von renommierten Dichterinnen.

Für mich birgt die Poesie eine Ausdrucksform, die verdichtet, was wir erleben, was wir fühlen. Und die 86 Gedichte, die wir hier zusammengestellt haben, haben eins gemeinsam: Sie ignorieren nicht die Brüche im Leben, sondern vertiefen gerade das, was nicht glatt daherkommt. Sie thematisieren weniger die Leichtigkeit des Seins als die Unruhe, die Fragen, die Suche. Ohne ängstlich zu sein oder zu beängstigen, machen sie deutlich: Das Leben reimt sich nicht.

Gabriele Hartlieb danke ich für die neuerliche gute Zusammenarbeit. Auch wenn es fünf Jahre gedauert hat, bis wir unseren Plan eines Folgebandes zu den Frauengebeten umgesetzt haben, sind wir doch in intensivem Kontakt geblieben und haben immer wieder hier oder da ein Gedicht zur Seite gelegt und gedacht: Das müssten wir aufnehmen in unsere Sammlung.

Ich wünsche allen Leserinnen und Lesern eine gute, verdichtete Zeit mit diesen wunderbaren Texten beeindruckender Frauen.

Am Straßenrand blüht eine Malve

Alltag, Glück und Sehnsucht

Jeder Mensch hat sie wohl, die Sehnsucht nach erfülltem Leben. Dabei sind wir bisweilen so sehr auf das große Ziel fixiert, dass wir im Alltag oft die Kleinigkeiten übersehen, die das Leben so wunderbar machen: die Malve am Straßenrand, das Wasser, Sternenabende, Pflaumenmus, Mandelbaum und Sauerampfersuppe. Mich rührt an, wie die Dichterinnen den Blick bewahren für das, was Glück in unserem Alltag ausmacht. Sie zeigen uns und machen so bewusst, wie dieses Glück vor allem in dem aufleuchtet, was nicht käuflich ist. Ganz anders als die Konsumgesellschaft uns glauben machen will, liegt das Glück eben nicht in einem neuen Top, einem schicken Smartphone oder dem nächsten Paar Schuhe. Es ist zu finden im Duft einer Rose oder einem Lächeln, das seine Spur hinterlässt, und auch in der Geduld und manchmal Mühe, jeden neuen Tag für lebenswert zu halten.

Dabei klingt immer wieder auch der Glaube an, das Vertrauen, dass es eine größere Wirklichkeit gibt als die sichtbare: wenn etwa von Brot und Wein die Rede ist, vom Weltenende, von der Wolkenbürgschaft, dem Wunder und der Auferstehung aus dem Schlaf. Im Kleinen das Große zu sehen, in der sichtbaren Oberfläche die verborgene Tiefe und so »Leben in Fülle« zu entdecken, das ist ja auch ein biblisches Motiv. Schon der Psalmbeter weiß: »Du tust mir kund den Weg zum Leben: Vor dir ist Freude die Fülle und Wonne zu deiner Rechten ewiglich« (Psalm 16,11). Das heißt für mich: Gerade auch im Glauben kann ich diese Tiefe des Lebens finden, nach der ich Sehnsucht habe. Und diesen Glauben lebe ich nicht im Abseits, in Kirche oder Kloster, sondern mitten im Alltag der Welt, in der Küche wie in der Schule, bei der Arbeit wie in der Nachbarschaft oder im eigenen Garten.

Die folgenden Gedichte sind voller Leichtigkeit, sie rufen auch ein Lächeln hervor. In solcher Begeisterung für die kleinen Dinge, für auf den ersten Blick banale Randerscheinungen, offenbart sich eine unerwartete Antwort auf die Sehnsucht nach erfülltem Leben. Es ist gar nicht weit weg oder unerreichbar fern, sondern direkt vor meinen Füßen, nur übersehe ich es allzu leicht. Und so sind diese Gedichte auch Anregung, hinzuschauen, genauer wahrzunehmen, was uns im Alltag begegnet, was wir lieben, was unserem Leben Schönheit verleiht und ein Strahlen auf unser Gesicht zaubern kann. Dass das Glück nicht in den Glücksversprechungen der Welt, den großen materiellen Dingen liegt: Haus, Reise, Geld, Auto, sondern am Straßenrand zu finden ist, in der Küche oder im Blick Richtung Himmel, das ist eine wunderbare Lektion des Lebens.

Street flower

Am straßenrand blüht eine malve
eine knospe ist beinah offen
altrosa wird sie sein
vielleicht schon morgen

Hätt ich geduld
ich würde warten
hätt ich aufmerksamkeit
ich rührte mich nicht vom fleck
hätt ich frömmigkeit
hier würde ich niederknien

Vielleicht schon morgen
könnt ich sehen nicht nur glauben
wie es einem mitgeschöpf gelingt
am straßenrand zum blühen zu kommen

DOROTHEE SÖLLE

Werte

Die guten Dinge des Lebens
Sind alle kostenlos:
Die Luft, das Wasser, die Liebe.
Wie machen wir das bloß,
Das Leben für teuer zu halten,
Wenn die Hauptsachen kostenlos sind?
Das kommt vom zu frühen Erkalten.
Wir genossen nur damals als Kind
Die Luft nach ihrem Werte
Und Wasser als Lebensgewinn,
Und Liebe, die unbegehrte,
Nahmen wir herzleicht hin.
Nur selten noch atmen wir richtig
Und atmen Zeit mit ein,
Wir leben eilig und wichtig
Und trinken statt Wasser Wein.
Und aus der Liebe machen
Wir eine Pflicht und Last.

Und das Leben kommt dem zu teuer,
Der es zu billig auffasst.

EVA STRITTMATTER

Allein

Ich will allein im Hause wohnen
mit zwei Fliegen,
einer Katze
und drei Blumen.
Morgens werden wir aufwachen
mit blauen Augen
und uns berühren.
Mittags werden wir schlemmen
bei einer Schüssel Sonne,
und wenn Gäste kommen,
der Regen und die Spinne,
wird die Katze eine Geschichte erzählen –
von einer Katze.

Und an den Abenden?
Gott, was machen wir
an den Sternenabenden?

RACHEL ZYCHLINSKI

Im Sommer

Dünnbesiedelt das Land.
Trotz riesigen Feldern und Maschinen
Liegen die Dörfer schläfrig
In Buchsbaumgärten; die Katzen
Trifft selten ein Steinwurf.

Im August fallen Sterne.
Im September bläst man die Jagd an.
Noch fliegt die Graugans, spaziert der Storch
Durch unvergiftete Weisen. Ach, die Wolken
Wie Berge fliegen sie über die Wälder.

Wenn man hier keine Zeitung hält
Ist die Welt in Ordnung.
In Pflaumenmuskesseln
Spiegelt sich schön das eigene Gesicht und
Feuerrot leuchten die Felder.

SARAH KIRSCH

Wahl

Ein Mandelbaum sein
eine kleine Wolke
in Kopfhöhe über dem Boden
ganz hell
einmal im Jahr

Einer im kleinen Stoßtrupp
des Frühlings
keinem zu Leid als sich selber
im Glauben an einen blauen Tag
vor Kälte verbrennen

Ein kleiner Mandelbaum sein
am Südhang der Pyrenäen
oder im Rheintal
der bleibt und wächst
wo er gepflanzt ist

Aber entlang gehen
bei diesem Mandelbaum
oder ihn plötzlich sehn
wenn der Zug
aus dem Tunnel kommt

Lachen und Weinen und die unmögliche
Wahl haben
und nichts ganz recht tun
und nichts ganz verkehrt
und vielleicht alles verlieren

Doch mit Ja und Nein und Für-immer-vorbei
nicht müde werden
sondern dem Wunder
leise
wie einem Vogel,
die Hand hinhalten

HILDE DOMIN

Jemandem sein glück glauben

Jemandem sein glück glauben
ist schwerer als
jemandem die trauer abnehmen

Wir schwimmen im see
die bergkette spiegelt sich
plötzlich schnellst du dich vorwärts
ich sehe nur tropfenfäden
du hast dich in sonne wasser und bewegung aufgelöst
vor begeisterung verschlucke ich mich
und versuche nachzukommen

Über das glück miteinander sprechen
ist noch schwerer
weil wir einander kaum trauen können
es kommt mir vor
wie die sache mit heiligenscheinen
wer weiß wie sie zustandekommen
wieso leute so etwas gesehen haben müssen
welche freude dazu geführt haben muss
jemanden leuchten zu sehen

DOROTHEE SÖLLE

Freundin, unter Dornen wie die Rose!

Damals herrschten noch die heiteren Lose
und der Spruch entbehrte des Gewichts,
denn von Dornen wussten wir noch nichts.

Aber dann in jenen bittren Jahren,
hab' ich von den Dornen viel erfahren,
doch zum Trost für jeden Dornenstich
gab mir Gott die Rose, gab mir dich.

Darum will ich, ob auch Dornen stechen,
frohgemut in meinem Herzen sprechen:
»Spende weiter solche Linderung,
liebe Rose, bleib mir ewig jung!«

HEDWIG JAHNOW

Wie wenig nütze ich bin

Wie wenig nütze ich bin,
ich hebe den Finger und hinterlasse
nicht den kleinsten Strich
in der Luft.

Die Zeit verwischt mein Gesicht,
sie hat schon begonnen.
Hinter meinem Schritten im Staub
wäscht Regendie Straße blank
wie eine Hausfrau.

Ich war hier.
Ich gehe vorüber
ohne Spur.
Die Ulmen am Weg
winken mir zu wie ich komme,
grün blau goldener Gruß,
und vergessen mich,
eh ich vorbei bin.

Ich gehe vorüber –
aber ich lasse vielleicht
den kleinen Ton meiner Stimme,
mein Lachen und meine Tränen
und auch den Gruß der Bäume im Abend
auf einem Stückchen Papier.

Und im Vorbeigehn;
ganz absichtslos,
zünde ich die ein oder andere
Laterne an
in den Herzen am Wegrand.

HILDE DOMIN

Herr der Töpfe und Pfannen

Herr der Töpfe und Pfannen,
ich habe keine Zeit, eine Heilige zu sein
und dir zum Wohlgefallen
in der Nacht zu wachen.
Mache mich zu einer Heiligen,
indem ich Mahlzeiten zubereite
und Teller wasche.
Kannst du meinen Spüllappen
als einem Geigenbogen gelten lassen,
der himmlische Harmonie
hervorbringt auf einer Pfanne?
Herr der Töpfe und Pfannen,
bitte darf ich dir
anstatt gewonnener Seelen
die Ermüdung anbieten,
die mich ankommt
beim Anblick von angebrannten Gemüsetöpfen?
Erinnere mich: dass mein
vollendet gedeckter Tisch
ein Gebet werde.

TERESA VON AVILA ZUGESCHRIEBEN (GEKÜRZT)

Geschmackssache

Am liebsten würde ich meine
Sauerampfersuppe bedichten
Wie sie so auf den Tisch kommt
Mit Weißwein, Butter, einer Prise Muskat.
Ein Gedicht!, rufen die Esser.
Wie aber reimt's sich zusammen?:
Von der Wiese gepflückte Blätter verkocht
Und dass es uns schmeckt?

KERSTIN HENSEL

Brot und Wein 1983

In Arkadien
abseits
der Allerweltsstraßen
fanden wir
ein paar Bäume zur Rast

Wir hatten Wasser
im kühlhaltenden Styroporkanister
Oliven und Käse

Kein Dorf ringsum
das Haus versteckt
im Dickicht nahmen wir nicht wahr

Als wir lagerten
trat die Frau durch die Hecken
nicht jung nicht alt
im einen Arm
den Laib Brot
im anderen die Flasche Wein

Legte die Hand aufs Herz
und war verschwunden
bevor wir begriffen
es ist ihr Boden

Ich drückte das heiße
Brot an die Wange

Wir kauten wortlos
füllten den Becher

MARGARETE HANNSMANN

Auf Wolkenbürgschaft

Ich habe Heimweh nach einem Land
in dem ich niemals war,
wo alle Bäume und Blumen
mich kennen,
in das ich niemals geh,
doch wo sich die Wolken
meiner
genau erinnern,
ein Fremder, der sich
in keinem Zuhause
ausweinen kann.

Ich fahre
nach Insel ohne Hafen,
ich werfe die Schlüssel ins Meer
gleich bei der Ausfahrt.
Ich komme nirgends an.
Mein Segen ist wie ein Spinnweb im Wind,
aber es reißt nicht.

Und jenseits der Horizonts,
wo die großen Vögel
am Ende ihres Flugs
die Schwingen in der Sonne trocknen,
liegt ein Erdteil
wo sie mich aufnehmen müssen,
ohne Paß,
auf Wolkenbürgschaft.

HILDE DOMIN

Weltende

Es ist ein Weinen in der Welt,
Als ob der liebe Gott gestorben wär,
Und der bleierne Schatten niederfällt,
Lastet grabesschwer.

Komm, wir wollen uns näher verbergen …
Das Leben liegt in aller Herzen
Wir in Särgen.

Du, wir wollen uns tief küssen …
Es pocht eine Sehnsucht an die Welt,
An der wir sterben müssen.

ELSE LASKER-SCHÜLER

Neuer Tag

Auferstanden vom Schlaf
gesättigt vom Traum
sind wir da
und fordern den Tag.

Schöneres kann uns nicht blühn
als der Baum vor dem Hause
des Nachbarn.
Begabter können die Sinne nicht sein
als wahrzunehmen
was uns gebührt.

ELISABETH BORCHERS

Solange noch Liebesbriefe eintreffen

Leben und lieben

Die Liebe ist wohl der machtvollste Faktor für die Entstehung von Poesie. Sie erzeugt tiefste Gefühle in Menschen, sie bewegt das Herz und beeinflusst den Verstand. Erfüllte Liebe bringt Menschen zu großen Glücksbekundungen. Unerfüllte Liebe erzeugt große Träume, Hoffnungen, Sehnsüchte. Und verschmähte, ja betrogene Liebe holt in Menschen Gefühle von Schmerz, Verletzung, Verzweiflung hervor, bis hin zu Verachtung, Rachegelüsten und Hass. Liebe ist stark.

Auch in unserer so rationalen Welt mit ihrer digitalen Kommunikation ist Liebe von enormer Bedeutung. Die wichtigen Fragen der Liebe spiegeln sich in den folgenden Gedichten – von der Hoffnung, dass Vertrauen nicht enttäuscht wird, bis zu der Erfahrung, dass die Liebe zu Ende geht, nicht mehr zu retten ist. Liebe und Schmerz, das beschreiben diese Gedichte, sind dabei eng verbunden, eine ganz unbefangene, offene, freie Liebe zeigen sie nicht. Die Begeisterung für den Liebsten oder die Liebste ist schon verwoben in die Ahnung von Verlust, die Angst vor Entfremdung in die Hoffnung, Grenzen zwischen Menschen überwinden zu können. *Farben, Vögel, Träume, Tränen* – die Liebe springt von der Wirklichkeit in die Phantasie. Und zurück: Wie selbstbewusst zählt Gioconda Belli Spielregeln auf für Männer (im Plural wohlgemerkt!), die sie lieben wollen!

Auch in der Bibel spielt die Liebe eine große Rolle. In den Urgeschichten sind es die Verstrickungen der Liebe, bekannt bis heute, denken wir nur an Jakobs große Liebe zu Rahel und an ihre Schwester Lea, die damit leben muss, ihn als Ungeliebte zuerst zu heiraten. Es gibt die tiefe freundschaftliche Liebe zwischen David und Jonathan und zwischen Naomi und ihrer Schwiegertochter Ruth. Das Hohelied der Liebe preist die Liebe und die Sexualität, es ist ein erotisches Liebesgedicht: »Deine beiden Brüste sind wie junge Zwillinge von Gazellen, die unter den Lilien weiden ...« (Hl 4,5) Und der Apostel Paulus wird im ersten Korintherbrief schreiben: »Nun aber bleiben Glaube, Hoffnung, Liebe, diese drei; aber die Liebe ist die größte unter ihnen.« (1 Kor 13,13) Die Liebe zu Gott und die Liebe Gottes zu den Menschen, sie spielen in der Bibel ebenso eine Rolle wie die Liebe zwischen Menschen; sie erzählt von Paaren, die zueinander finden, aber auch von Gemeinschaften, die füreinander einstehen. Alle drei Aspekte spiegeln sich auch in der Poesie.

Solange noch Liebesbriefe eintreffen

solange noch Liebesbriefe eintreffen
ist nicht alles verloren
solange noch Umarmungen und Küsse
ankommen und sei es in Briefen
ist nicht alles verloren
solange ihr noch in Gedanken
nach meinem Verbleib fahndet
ist nicht alles verloren

HELGA M. NOVAK

Rätsel I

Ich sage, ich liebe dich,
Und ich sage, der Mond wärmt mich,
Und ich sage, der Regen steigt,
Und ich sage, wer spricht, der schweigt,
Und ich sage, was fragst du mich,
Und ich sage, ich liebe dich.

EVA STRITTMATTER

Kalten Blutes

Jede Nacht, in der meine Liebe schläft
still die angekrauchten Knie wie ein Kind
geballte Fäuste unter dem Kissen
Jede Nacht stehe ich auf
schleiche durch die Flure
auf Sammetpfoten schreib ich
kalten Blutes die Wärme herbei
jede Nacht, in der meine Liebe schläft
still die angekrauchten Knie wie ein Kind
geballte Fäuste unter dem Kissen
Jede Nacht stehe ich auf.

URSULA KRECHEL

Die Luft riecht schon nach Schnee

Die Luft riecht schon nach Schnee, mein Geliebter
Trägt langes Haar, ach der Winter, der Winter der uns
Eng zusammenwirft steht vor der Tür, kommt
Mit dem Windhundgespann. Eisblumen
Streut er ans Fenster, die Kohlen glühen im Herd, und
Du Schönster Schneeweißer legst mir deinen Kopf
                in den Schoß
Ich sage das ist
Der Schlitten der nicht mehr hält, Schnee fällt uns
Mitten ins Herz, er glüht
Auf den Aschekübeln im Hof Darling flüstert die Amsel.

SARAH KIRSCH

Ich bin traurig ...

Deine Küsse dunkeln, auf meinem Mund.
Du hast mich nicht mehr lieb.

Und wie du kamst – !
Blau vor Paradies.

Um deinen süßesten Brunnen
Gaukelte mein Herz.

Nun will ich es schminken,
Wie Freudenmädchen
Die welke Rose ihrer Lende röten.

Unsere Augen sind halb geschlossen,
Wie sterbende Himmel –

Alt ist der Mond geworden.
Die Nacht wird nicht mehr wach.

Du erinnerst dich meiner kaum.
Wo soll ich mit meinem Herzen hin?

ELSE LASKER-SCHÜLER

Mein Alles ist dahin

Mein Alles ist dahin / mein Trost in Lust und Leiden /
mein ander Ich ist fort / mein Leben / meine Zier /
(die Lieb' ist bitter zwahr / viel bittrer ist das Scheiden)
Ich kann nicht vohn dir seyn / ich kann dich gantz
nicht meiden / O liebste Dorile! Ich bin nichtmehr bey
mir / Ich bin nicht der ich bin / nuhn ich nicht bin bey
dir. Ihr Stunden lauft doch fort / wollt ihr mich auch
noch neiden?
Ey Phoebus halte doch die schnelle Hengste nicht!
fort / fort / ihr Tage fort / komb bald du Monden
Licht!
Ein Tag ist mir ein Jahr / in dem ich nicht kann sehen
mein ander Sonnenlicht! Fort / fort / du faule Zeit /
spann doch die Segel auff / und bring mein Lieb noch
heut / und wann sie hier dan ist / so magstu langsam
gehen.

SIBYLLA SCHWARZ

Licht I

Manchmal trifft man einen, der ist wie ein Licht.
Und man trifft ihn nicht zweimal im Leben.
Und man weiß. Nur einmal dieses Gesicht.
Und man denkt: Das darf es nicht geben,
Dass man einen Menschen verlor,
Ehe man ihn gefunden,
Und kein Danach und kein Davor ...
Dieses Licht ist für immer entschwunden.
Geheimer Speicher Erinnerung,
Empfangs- und Sendezentrale:
In einer anderen Dämmerung
Verwandelt er die Signale,
Die auf uns gekommen von einem Gesicht,
Das wir nur einmal gesehen,
Zurück in Wärme und in Licht.
Und das hilft uns die Nacht überstehen.

EVA STRITTMATTER

Besänftigung

Aus seinen steinblauen Augen
Stürzen Schmetterlinge den lieben
Langen Sonntag den Gott werden lässt.
Seit ich ihn kenne, halte ich Gott für
Nicht völlig undenkbar. Wenigstens keinen
Aus Gold- oder Seidenpapier
Noch springt meine Seele
Auf Fingerkuppen.

SARAH KIRSCH

Spielregeln für Männer, die mich lieben wollen

1. Mich zu lieben, muss ein Mann
   von meiner Haut den Vorhang wegziehen,
   bis auf den Grund meiner Augen sehen
   und erkennen, dass in mir nistet
   die durchsichtige Schwalbe Zärtlichkeit.

2. Mich zu lieben, darf ein Mann
   mich nicht wie eine Ware besitzen wollen,
   mich nicht vorführen wie eine Jagdtrophäe;
   er wird an meiner Seite stehen
   mit der gleichen Liebe,
   wie ich an der seinen.

3. Mich zu lieben, muss die Liebe
   eines Mannes stark sein wie Ceibobäume,
   so schützend und sicher
   und klar wie ein Dezembermorgen.

4. Mich zu lieben, darf ein Mann
   meinem Lächeln nicht misstrauen,
   mein volles Haar nicht fürchten,
   er soll Trauer und Schweigen achten
   und auf meinem Leib mit Liebkosungen spielen,
   wie auf einer Gitarre, Melodien
   und Freude aus der Tiefe meines Körpers locken.

5. Mich zu lieben, muss ein Mann
in mir das Bett für die Last seiner Sorgen sehen,
eine Freundin, mit der er seine Geheimnisse
teilen kann,
einen See, in dem er treibt
ohne Angst, dass ein Anker von Verpflichtungen
ihn am Fliegen hindert, wenn er Lust hat,
ein Vogel zu sein.

6. Mich zu lieben, muss ein Mann
Poesie aus seinem Leben machen,
Jeden Tag neu gestalten
mit dem Blick in die Zukunft.

7. Mich zu lieben aber muss ein Mann
vor allem mein Volk lieben,
nicht als abstrakten Begriff
aus dem Ärmel gezogen,
sondern als etwas Wirkliches, Greifbares,
dem er mit seinen Handlungen Ehre macht
und sein Leben gibt, wenn es notwendig ist.

8. Mich zu lieben, muss ein Mann
mein Gesicht im Schützengraben erkennen,
mich lieben mit dem Gewehr im Anschlag,
wenn wir beide gemeinsam
auf den Feind zielen.

9. Die Liebe meines Mannes
scheut nicht, sich hinzugeben,
noch fürchtet sie, auf einem belebten Platz
sich im Zauber des Verliebtseins zu entdecken.
Er kann laut rufen: Ich liebe dich,
oder Anschläge an die Häuser kleben,
die sein Recht auf das herrlichste
und menschlichste aller Gefühle proklamieren.

10. Die Liebe meines Mannes
flieht nicht vor Küchendunst
und nicht vor Kinderwindeln,
wie ein frischer Wind ist sie,
der in Wolken aus Traum und Zeit
die Hemmnisse davonträgt,
die uns über Jahrhunderte trennten
wie verschiedenartige Wesen.

11. Die Liebe meines Mannes
will mich nicht festlegen, nicht einordnen,
sie gibt mir Luft, Nahrung, Raum,
zu wachsen und reicher zu werden,
so wie jeder neue Tag
eine Revolution
entfaltet.

GIOCONDA BELLI

ich erfinde deine anwesenheit

ich erfinde deine anwesenheit
kann dich doch weder vergessen

noch verlieren wie ich andere verliere
die logik folgt einer gesetzmäßigkeit des zufalls

eine bettdecke die mich wärmt
ein vogel der für mich singt

auf dem dach gegenüber die amsel
ihr geht es um reviergrenzen

mein revier soll an das deine grenzen
und dann singen wir in einer sprache

und lösen grenzen auf

EVA CHRISTINA ZELLER

Erklär mir, Liebe

Dein Hut lüftet sich leis, grüßt, schwebt im Wind,
dein unbedeckter Kopf hat's Wolken angetan,
dein Herz hat anderswo zu tun,
dein Mund verleibt sich neue Sprache ein,
das Zittergras im Land nimmt überhand,
Sternblumen bläst der Sommer an und aus,
von Flocken blind erhebst du dein Gesicht,
du lachst und weinst und gehst an dir zugrund,
was soll dir noch geschehen –

Erklär mir, Liebe!

Der Pfau, in feierlichem Staunen, schlägt sein Rad,
die Taube stellt den Federkragen hoch,
vom Gurren überfüllt, dehnt sich die Luft,
der Entrich schreit, vom wilden Honig nimmt
das ganze Land, auch im gesetzten Park
hat jedes Beet ein goldner Staub umsäumt.

Der Fisch errötet, überholt den Schwarm
und stürzt durch Grotten ins Korallenbett.
Zur Silbersandmusik tanzt scheu der Skorpion.
Der Käfer riecht die Herrlichste von weit;
hätt ich nur seinen Sinn, ich fühlte auch,
dass Flügel unter ihrem Panzer schimmern,
und nähm den Weg zum fernen Erdbeerstrauch!

Erklär mir, Liebe!

Wasser weiß zu reden,
die Welle nimmt die Welle an der Hand,
im Weinberg schwillt die Traube, springt und fällt.
So arglos tritt die Schnecke aus dem Haus!
Ein Stein weiß einen andern zu erweichen!

Erklär mir, Liebe, was ich nicht erklären kann:
sollt ich die kurze schauerliche Zeit
nur mit Gedanken Umgang haben und allein
nichts Liebes kennen und nichts Liebes tun?
Muss einer denken? Wird er nicht vermisst?

Du sagst: es zählt ein andrer Geist auf ihn ...
erklär mir nichts. Ich seh den Salamander
durch jedes Feuer gehen.
Kein Schauer jagt ihn, und es schmerzt ihn nichts.

INGEBORG BACHMANN

Sturmnacht!

Sturmnacht! – Sturmnacht!
Wär ich bei Dir,
Sturmnächte wären
Unser Pläsier!

Harmlos die Stürme
Dem Herzen im Port -
Wirf Deinen Kompaß
Und Karten fort!

Rudernd in Eden-
Meer bist Du mir!
Lasse zur Nacht mich
Ankern in Dir!

EMILY ELIZABETH DICKINSON

An den Prinzen Benjamin

Wenn du sprichst,
wacht mein buntes Herz auf.

Alle Vögel üben sich
Auf deinen Lippen.

Immerblau streut deine Stimme
Über den Weg;
Wo du erzählst wird Himmel.

Deine Worte sind auf Lied geformt,
Ich traure, wenn du schweigst.

Singen hängt überall an dir –
Wie du wohl träumen magst?

ELSE LASKER-SCHÜLER

Er kommt

Einkaufen: Kirschsaft Spinat und
neue Kartoffel Spargel nicht der
ist noch zu teuer oder ach was
zwei Pfund Spargel bitte.

Oh mein Gott: dem Friseur ging
die Farbe aus. Nehm ich statt
Rot Mahagoni nur nicht
vorne so kurz.

Wie angegossen das Kleid: aber
die Jeans sitzt straffer blau
liebt er und schwarz schön
also schwarzblau.

Steht die Uhr: nein noch einmal das
Beethoven Trio im zweiten Satz geht
die Klingel ich öffne Tür
du schon da?

ULLA HAHN

Die Nachtigall

Kalt ist der Morgen und trüb',
es tönt durch die bebenden Zweige
nur der Nachtigall Lied mild in den brausenden
Sturm;
wunderbar lauschet der Hain:
so tönt durch die Stürme des Lebens
nur der Liebe Accent, alles verklärend, hindurch.

SOPHIE MEREAU

Den eigenen Weg bahnen

Weitergehen

Für Frauen bleibt die Suche nach dem eigenen Weg ein besonderes Thema. Immer noch sind Klischees und Rollenbilder mächtig, und sie fragen sich, wie sie leben wollen. Wie sich lösen von Ansprüchen und Vorgaben, ohne alle Tradition über Bord zu werfen? In einer Partnerschaft leben, Kinder bekommen, das sind solche tradierten Erwartungen; und Frauen, die sie nicht erfüllen, können daran auch zerbrechen. Wie werden andere, neue Lebensentwürfe und Rollen positiv gestaltet und geprägt und zu guten Lebensmöglichkeiten?

Vielleicht können gerade Frauen neue Bilder entwerfen, Bilder von einer anderen Welt, in der die Waffen schweigen und Feindschaften zu den Akten gelegt werden? Haben nicht gerade auch Frauen Mut zu Visionen, weil sie sich gern ausmalen, wie das Leben noch schöner sein könnte?

Die biblische Maria ist eine Frau, die gar nicht den Konventionen entspricht, in die die kirchliche Tradition sie so gerne zwängt. Sie ist weltberühmt, die Mutter des Jesuskindes. Aber alle haben eigene Bilder von ihr vor dem inneren Auge. Sehr lieb und ganz auf ihr Kind konzentriert wird sie meist dargestellt – jedenfalls in unserem Kulturkreis. Da ist es ganz gut, wenn wir uns einmal die Worte verdeutlichen, die in der Bibel von ihr überliefert sind. Das Lied, das die Schwangere singt, das *Magnificat*, müsste unser Bild von Maria eigentlich verändern. Sie singt nicht: *Ach, wie wunderbar ist es, Mutter zu werden.* Nein, sie singt: »Gott stößt die Gewaltigen vom Thron und erhebt die Niedrigen. Die Hungrigen füllt er mit Gütern und lässt die Reichen leer ausgehen.« (Lk 1,52f.) Ein Revolutionslied ist das! Im Lied, im Gedicht befreien Frauen sich von Konventionen. Sie malen neue Bilder, entwerfen neue Rollen, entfalten Mut, anders zu leben. Selbstbewusst, vielleicht auch trotzig, manchmal gefährdet und doch voller Hoffnung: Es ist mein Leben und es will gelebt werden, darum geht es. Das strahlen diese Gedichte aus: Weitergehen! Auch wenn andere dieses Leben, diesen Lebensentwurf, diesen Lebensstil hinterfragen.

Geschichte

Vorsichtig gehe ich vorwärts, langsam,
auf einem Weg,
den ich ausschreitend
selber mir bahne:
Um zurückzufinden,
streue ich hinter mir
Krümel von Buchstaben und Wörtern.
Seit langem bin ich auf den Beinen,
schon ist
die Hand voll Silben, die meine
Wegzehrung war, alle.
Glücklicherweise fand ich heraus,
dass alles
in Vokabeln umgemünzt werden kann,
und laufe weiter,
ausstreuend
die Wörter, in die ich mich auflöse,
so wie sich ein alter Pullover auftrennt
in Wollfäden, eng gekräuselt vom überlangen Tragen.

ANA BLANDIANA

Einhorn

Die Freude
dieses bescheidenste Tier
dies sanfte Einhorn

so leise
man hört es nicht
wenn es kommt, wenn es geht
mein Haustier
Freude

wenn es Durst hat
leckt es die Tränen
von den Träumen.

HILDE DOMIN

Gibt es eine weibliche Ästhetik

Ich sehe deine Augen
mit den hängenden
Lidern am Kinn
Fettfalten die Stirn
gefurcht deine
dünnen spitzen
Ohren überm fahlen
Haar die
kahle Stelle
am Hinterkopf ich
denke du bist
von allen Männern
der schönste.

ULLA HAHN

Allein

Ich hab die Schnauze voll ich
bin auch müde und fürchte mich
jetzt schon vor dem ersten warmen Tag
den kleinen Kindern und den
schwangern Frauen und was das
Frühjahr noch erzeugen mag.

Ich bin allein ich hab nichts
zu verlieren als ein paar
Tage vom vergangenen Jahr
und Angst mit mir was Neues
zu probieren nicht zu krepiern
an dem was niemals war.

ULLA HAHN

Lebte ich nicht

Lebte ich nicht in einem bedrohten Land
das, von Tod umgeben uns Leben gibt.

Glaubte ich nicht an die Kraft der Gedanken,
meinte gar, sie seien nur nützlich
als Turnübungen fürs Hirn.

Erwachte ich nicht jeden Morgen
mit etwas weniger,
etwas, das nicht mehr da ist:
– die Seife, die Glühbirnen, die Milch –,
und wüsste ich nicht, dass ich mir in Zukunft
sogar das Licht werde erfinden müssen
und zufrieden zurückkehren
zum Einfachen und Guten,
das in jedem Haus ist,
in jedem Herzen.

Schritte ich nicht täglich
auf des Messers Schneide, das die Wolken
des Himmels von der Hölle trennt
und wäre eine Frau aus Leinen in einem gebügelten,
        entwickelten Land,
angefüllt mit all dem was hier uns fehlt …

Gewiss
wäre ich an dir vorübergegangen,
ich hätte dich nicht gesehen,
du hättest mich nicht gesehen.

Gewiss ist,
weder du
noch ich
säßen jetzt hier,
schauten uns an,
berührten uns
und streichelten
wie ein Kind
die Zeit.

GIOCONDA BELLI

Mein Vogel

Was auch geschieht: die verheerte Welt
sinkt in die Dämmerung zurück,
einen Schlaftrunk halten ihr die Wälder bereit,
und vom Turm, den der Wächter verließ,
blicken ruhig und stet die Augen der Eule herab.

Was auch geschieht: du weißt deine Zeit,
mein Vogel, nimmst deinen Schleier
und fliegst durch den Nebel zu mir.

Wir äugen im Dunstkreis, den das Gelichter bewohnt.
Du folgst meinem Wink, stößt hinaus
und wirbelst Gefieder und Fell –

Mein eisgrauer Schultergenoss, meine Waffe,
mit jener Feder besteckt, meiner einzigen Waffe!
Mein einziger Schmuck: Schleier und Feder von dir.

Wenn auch im Nadeltanz unterm Baum
die Haut mir brennt
und der hüfthohe Strauch
mich mit würzigen Blättern versucht,
wenn meine Locke züngelt,
sich wiegt und nach Feuchte verzehrt,
stürzt mir der Sterne Schutt
doch genau auf das Haar.

Wenn ich vom Rauch behelmt
wieder weiß, was geschieht,
mein Vogel, mein Beistand des Nachts,
wenn ich befeuert bin inder Nacht,
knistert's im dunklen Bestand,
und ich schlage den Funken aus mir.

Wenn ich befeuert bleib wie ich bin
und vom Feuer geliebt,
bis das Harz aus den Stämmen tritt,
auf die Wunden träufelt und warm
die Erde verspinnt,
(und wenn du mein Herz auch ausraubst des Nachts,
mein Vogel auf Glauben und mein Vogel auf Treu!)
rückt jene Warte ins Licht,
die du, besänftigt,
in herrlicher Ruhe erfliegst –
was auch geschieht.

INGEBORG BACHMANN

Ein feigenbaum

Noch trägt unser bäum keine früchte
noch schieben wir heimatlose ab
arbeiterinnen lassen wir nicht arbeiten

noch liefern wir den folterern
was immer sie brauchen können
und schnüren den ärmsten die kehle zu
daß auch ihr schrei uns nicht stört
noch wartet gott vergeblich

noch liegt unsere zeit in den händen der mächtigen
sie leiten gift in die flüsse
amüsantes in unsern bildschirm
schwermetalle in unser essen
und angst in unser herz

noch schreien wir nicht laut genug
wie lange noch gott
wie lange willst du dir das noch ansehn
ohne ihn umzuhaun deinen feigenbaum

noch haben wir nicht gelernt umzukehren
noch weinen wir selten

noch

DOROTHEE SÖLLE

Zeitansage

Es kommt eine Zeit
da wird man den Sommer Gottes kommen sehen
Die Waffenhändler machen bankrott
die Autos füllen die Schrotthalden
und wir pflanzen jede einen Baum

Es kommt eine Zeit
da haben alle genug zu tun
und bauen die Gärten chemiefrei wieder auf
in den Arbeitsämtern wirst du
ältere Leute summen und pfeifen hören

Es kommt eine Zeit
da werden wir viel zu lachen haben
und Gott wenig zum Weinen
die Engel spielen Klarinette
und die Frösche quaken die halbe Nacht

Und weil wir nicht wissen
wann sie beginnt
helfen wir jetzt schon
allen Engeln und Fröschen
beim Lobe Gottes

DOROTHEE SÖLLE

Und ob es hier geschneit hat

Erster Schnee. Ja, der erste Schnee,
doch wer hat Augen für den letzten,
den letzten Schneemann, das Schmelzen
seiner Füße, wer sieht es?

So geht es auch mit Schmerz.
Man fühlt den unbarmherzigen
Beginn, doch das Verschwinden
schließt man aus dem Verschwundensein.

JUDITH HERZBERG

Sehnsucht

Über ein Glück, das du flüchtig besessen,
tröstet Erinnern, tröstet Vergessen,
tröstet die alles heilende Zeit.
Aber die Träume, die nie errungnen,
nie vergessnen und nie bezwungnen,
nimmer verlässt dich ihr sehnendes Leid.

ISOLDE KURZ

Wirf deine Angst in die Luft

Mut haben, sich einbringen

Sei was du bist«, ruft Rose Ausländer uns zu. Und es folgen Gedichte, die geradezu hinausschreien, dass Gewalt und Krieg Menschen die Möglichkeit nehmen, frei zu leben und sich zu entfalten. Gedichte können eine Ermutigung sein, gegen den Strom zu schwimmen, die Angst zu überwinden, das »ungesungene Lied des Friedens« (Nelly Sachs) zu singen.

Berühmt sind die Anti-Kriegsgedichte von Männern, etwa von Wolfgang Borchert: »Dann gibt es nur eins!« Die Friedensgedichte der Frauen scheinen mir zarter, zögernder, voll von der Hoffnung, selbst furchtlos sein zu können. Vielleicht, weil sie realistischer die eigene Angst sehen?

Auch die Bibel malt ja Hoffnungsbilder vom Frieden. Etwa, wenn der Prophet Micha (4,3) schreibt: »Sie werden ihre Schwerter zu Pflugscharen und ihre Spieße zu Sicheln machen. Es wird kein Volk wider das andere das Schwert erheben, und sie werden hinfort nicht mehr lernen, Krieg zu führen.« Und Jesus wird in den Seligpreisungen erklären: »Selig sind die Friedfertigen, denn sie werden Gottes Kinder heißen.« (Matthäus 5,9)

Die Visionen vom Frieden, von der Überwindung von Krieg und Gewalt sind immer verbunden mit der Frage: Kann ich das durchstehen? Werde ich in einer Situation, in der meine Liebsten angegriffen, verwundet, verletzt werden, die Kraft haben, der Gewalt zu widerstehen? Pazifistinnen und Pazifisten werden gern belächelt. Aber sie wissen ja doch, dass auch der Mensch Schuld auf sich laden kann, der auf Gewalt verzichtet, um die Nächsten zu schützen. Gerade deshalb ist die Rede von Angst so realistisch. Und die Frage darf doch auch gestellt werden, ohne gleich der Naivität bezichtigt zu werden: »Du willst mich töten. Weshalb?« (Selma Meerbaum-Eichinger)

Die Sehnsucht nach dem bunten Leben und das Wissen um die graue Realität von Gewalt, Krieg und Angst: Sie spiegeln sich in diesen Gedichten.

Noch bist du da

Wirf deine Angst
in die Luft

Bald
ist deine Zeit um
bald
wächst der Himmel
unter dem Gras
fallen deine Träume
ins Nirgends

Noch
duftet die Nelke
singt die Drossel
noch darfst du lieben
Worte verschenken
noch bist du da

Sei was du bist
Gib was du hast

ROSE AUSLÄNDER

Gebirgsrand

Denn was täte ich,
wenn die Jäger nicht wären, meine Träume,
die am Morgen
auf der Rückseite der Gebirge
niedersteigen, im Schatten.

ILSE AICHINGER

Poem

Die Bäume sind von weichem Lichte übergossen,
im Winde zitternd glitzert jedes Blatt.
Der Himmel, seidig-blau und glatt,
ist wie ein Tropfen Tau vom Morgenwind vergossen.
Die Tannen sind in sanfte Röte eingeschlossen
und beugen sich vor seiner Majestät, dem Wind.
Hinter den Pappeln blickt der Mond aufs Kind,
da ihm den Gruß schon zugelächelt hat.

Im Winde sind die Büsche wunderbar:
bald sind sie Silber und bald leuchtend grün
und bald wie Mondschein auf lichtblondem Haar
und dann als würden sie aufs neue blühn.

Ich möchte leben.
Schau, das Leben ist so bunt.
Es sind so viele schöne Bälle drin.
Und viele Lippen warten, lachen, glühn
und tuen ihre Freude kund.
Sieh nur die Straße, wie sie steigt:
so breit und hell, als warte sie auf mich.
Und ferne, irgendwo, da schluchzt und geigt
die Sehnsucht, die sich zieht durch mich und dich.
Der Wind rauscht rufend durch den Wald,
er sagt mir, dass das Leben singt.

Die Luft ist leise, zart und kalt,
die ferne Pappel winkt und winkt.

Ich möchte leben.
Ich möchte lachen und Lasten heben
und möchte kämpfen und lieben und hassen
und möchte den Himmel mit Händen fassen
und möchte frei sein und atmen und schrein.
Ich will nicht sterben. Nein!
Nein.
Das leben ist rot,
Das Leben ist mein.
Mein und dein.
Mein.

Warum brüllen die Kanonen?
Warum stirbt das Leben
für glitzernde Kronen?

Dort, ist der Mond.
Er ist da.
Nah.
Ganz nah.
Ich muss warten.
Worauf?

Hauf um Hauf
sterben sie.
Stehn sie auf.
Nie und nie.
Ich will leben.
Bruder, du auch.
Atemhauch
geht von meinem und deinem Mund.

Das Leben ist bunt.
Du willst mich töten.
Weshalb?
Aus tausend Flöten
weint Wald.

Der Mond ist lichtes Silber im Blau.
Die Pappeln sind grau.
Der Wind braust mich an.
Die Straße ist hell.
Dann ...

Sie kommen dann
Und würgen mich.
Mich und dich
tot.

Das Leben ist rot,
braust und lacht.
Über Nacht
bin ich
Tot.

Ein Schatten von einem Baum
Geistert über den Mond.
Man sieht ihn kaum.
Ein Baum.
Ein
Baum.
Ein Leben
Kann Schatten werfen
über den
Mond.

Ein
Leben.
Hauf um Haut
sterben sie.
Stehn nie auf.
Nie
und
nie

SELMA MEERBAUM-EICHINGER (7.7.1941)

Alle Tage

Der Krieg wird nicht mehr erklärt,
sondern fortgesetzt. Das Unerhörte
ist alltäglich geworden. Der Held
bleibt den Kämpfern fern. Der Schwache
ist in die Feuerzone gerückt.
Die Uniform des Tages ist die Geduld,
die Auszeichnung der armselige Stern
der Hoffnung über den Herzen.

Er wird verliehen,
wenn nichts mehr geschieht,
wenn das Trommelfeuer verstummt,
wenn der Feind unsicher geworden ist
und der Schatten ewiger Rüstung
den Himmel bedeckt.

Er wird verliehen
für die Flucht von den Fahnen,
für die Tapferkeit vor dem Freund,
für den Verrat unwürdiger Geheimnisse
und die Nichtachtung
jeglichen Befehls.

INGEBORG BACHMANN

Der Soldat

Ich habe einen Soldaten gesehn
der konnte schön in den Stiefeln stehn
Er hatte keinen Strauß am Hut
doch ein Gewehr das stand ihm gut

Ich habe einen Soldaten gesehn
der konnte gut mit den Menschen umgehn
Er hat ihnen ein Loch in den Rücken gemacht
und hat dabei an die Ordnung gedacht

Ich habe viele Soldaten stehn sehn
die haben das ruhig mit angesehn
Als einer in die Knie gegangen
da hat ihn keiner aufgefangen

Ich habe viele andre gesehn
die wollten nicht in den Stiefeln stehn
Die haben einen Bogen gemacht
und haben dabei an die Ordnung gedacht.

ELISABETH BORCHERS

Niemand sucht aus

Man sucht sich das Land seiner Geburt nicht aus,
und liebt doch das Land, wo man geboren wurde.

Man sucht sich die Zeit nicht aus,
in der man die Welt betritt,
aber muss Spuren in seiner Zeit hinterlassen.

Seiner Verantwortung kann sich niemand entziehen.

Niemand kann seine Augen verschließen,
nicht seine Ohren,
stumm werden und sich die Hände abschneiden.

Es ist die Pflicht vor allen zu lieben,
ein Leben zu leben,
ein Ziel zu erreichen.

Wir suchen den Zeitpunkt nicht aus, aus dem wir die Welt betreten,
aber gestalten können wir diese Welt,
worin das Samenkorn wächst,
das wir in uns tragen.

GIOCONDA BELLI

Hab keine Angst vor dem Winter

hab' keine angst vor dem winter
die schiffe für deine sehnsucht
liegen schon im hafen bereit

hab' keine angst vor dem abschied
aus den erinnerungen lässt sich
doch bauen ein warmes haus

hab' keine angst vor der reise
du nimmst ja alle lieder mit
und die sind zum tagen

hab' gar keine angst
die seele weiß unbeirrt ihre richtung
und ihre flügel sind furchtlos und stark

HELENA AESCHBACHER-SINECKÁ

Psalm

Wir Menschen
Wir.
Daß unsere Hände doch behutsamer
Ineinandergriffen, sich zum Troste!
Aber der Tag ist laut von den schreienden Stimmen.

Ich möchte meine Straße gehen
und alle grüßen, die mir begegnen,
aber bei keinem länger verweilen.
Ich habe noch niemals nachgedacht,
was die Priester lehren,
aber ich fühle an diesem Abend
noch viele verlassene Dinge
bereitstehen für mich.

Dann wird mein Herz nicht mehr zucken
Über den Gruß eines Freundes,
der mich lieb hat, aber nicht am liebsten.
Wir Menschen.
Daß wir doch erkennen würden,
wie alles eines gilt:
Ob ich dich liebe oder jenen oder alle zugleich,
denn ein Zeitfüllendes ist die Liebe
um nicht immer den Tod denken zu müssen,
den wir nicht begreifen.

Oh, ich habe das gütigste Los von allen:
Jedes meiner Glieder schläft in Gesundheit.
Ich will gut zu euch sein,
zu euch, Menschen,
ihr sollt das Frohe meines erwachten Lebens fühlen!

PAULA LUDWIG

Chor der unsichtbaren Dinge

Klagemauer Nacht!
Eingegraben in dir sind die Psalmen des Schweigens.
Die Fußspuren, die sich füllten mit Tod
Wie reifende Äpfel
haben bei dir nach Hause gefunden.
Die Tränen, die dein schwarzes Moos feuchten
Werden schon eingesammelt.

Denn der Engel mit den Körben
Für die unsichtbaren Dinge ist gekommen.
O die Blicke der auseinandergerissenen Liebenden
Die Himmelschaffenden, die Weltengebärenden
Wie werden sie sanft für die Ewigkeit gepflückt
Und gedeckt mit dem Schlaf des gemordeten Kindes,
In dessen warmem Dunkel
Die Sehnsüchte neuer Herrlichkeiten keimen.

Im Geheimnis eines Seufzers
Kann das ungesungene Lied des Friedens keimen.

Klagemauer Nacht,
Von dem Blitze eines Gebetes kannst
du zertrümmert werden
Und alle, die Gott verschlafen haben
Wachen hinter deinen stürzenden Mauern
Zu ihm auf.

NELLY SACHS

Der neue Tod

Nicht mehr fliegen wir, Gott,
in himmlischer Schaukel zu dir,
Im goldenen Sarg, der sich in den Seilen
der Arme wiegt.
Nicht mehr flattern um uns Chopins Vögel der Trauer,
Nicht decken uns weinende Gärten zu.
Und der streichelnde Blick der Geliebten.
Fort aus Umarmung und Jugend
Riß uns der Haß in die Erde.
O wie Posaune klingt eine Stimme
Furchtbar ruf Abel nach seinem Leben,
Und alle, alle rufen wir mit.
Denn da ist Keiner, der Kain sein will.
Und deine Schulter, Vater, ist weit
Reue und Auferstehung hinzuweinen.

CLAIRE GOLL (1918)

Herzlich

Alle meine Rede und jegliches Wort
und jeder Druck meiner Hände.
Und meiner Augen kosender Blick
und alles, was ich geschrieben:
Das ist kein Hauch und keine Luft,
und ist kein Zucken der Finger,
das ist meines Herzens flammendes Blut,
das dringt hervor durch tausend Tore.

ANNETTE VON DROSTE-HÜLSHOFF

Wir können nicht mehr schlafen

…
Ein winziger Mensch ist oft ein ganzes Volk
Doch jeder eine Welt
Mit einem Himmelreich wenn
Er der Eigenschaften uredelste pflegt:
Gott
Gott aufsprießen läßt in sich
Gott will nicht begossen sein
Mit Blut.
Wer seinen Nächsten tötet
Tötet im Herzen aufkeimend Gott
Wir können nicht mehr schlafen in den Nächten

ELSE LASKER-SCHÜLER

Genährt und erwartet

Mütterlich sein

Schwangerschaft, Geburt, Mutter sein oder nicht Mutter sein – im Leben jeder Frau spielen diese Themen eine große Rolle. Ein Mann kann kein Gedicht über das Schwangersein schreiben und auch nicht über die Erfahrung des Stillens. Es gibt wunderbare Väter, und es ist gut, dass Vaterschaft inzwischen in unserem Kulturkreis einen neuen Klang, eine neue Erfahrungsdimension gewonnen hat. Und doch bleiben diese elementaren weiblichen Erfahrungen etwas ganz Besonderes.

Heute ist Mutterschaft unter Druck geraten. Einerseits unter Perfektionsdruck: Frauen sollen glücklich sein als Mutter, alles locker meistern, Beruf und Familie einfach vereinbaren und dabei blendend aussehen. Mutter-Werden, Mutter-Sein: Das ist zum Projekt geworden, das mit ein wenig Anstrengung doch gelingen sollte! All die Gefühle und Sorgen, die damit zusammenhängen und unmittelbar ins Herz treffen – die Angst um die Kinder, die Frage, wie ich meinem Kind die Welt erkläre, ja, ob ich gut genug bin als Mutter – werden nicht wirklich ernst genommen. Und dann ist da der Abschiedsschmerz, wenn Kinder flügge werden, aus dem Haus gehen, das eigene Leben suchen.

In den Gedichten wird nicht nur der Blick auf das Kind thematisiert, sondern auch der Blick auf die eigene Mutter. Sie, die mich gehalten hat, wird alt, braucht selbst Halt. Und doch wünschte ich mir, ich könnte mich anlehnen, und sei es an ihr Grab....
Für mich sind diese Gedichte besonders anrührend. Oft trauen sich Frauen heute gar nicht mehr, die Verletzlichkeit, die mit Schwangerschaft und Geburt verbunden ist, den Kummer und die Sorge um das Kind anzusprechen. Schön, wenn Frauen diese so vielen und so ambivalenten Gefühle in Worte fassen.

Die Bibel thematisiert Mutter-Sein nicht so einseitig, wie es oft scheint. Nein, es gibt viele Mütter in der Bibel, die auf unterschiedlichste Weise ihre Kinder bekommen, begleiten oder auch vernachlässigen. Als ich mich einmal intensiv mit ihnen beschäftigt und ein Buch über sie geschrieben habe, war ich selbst über diese Vielfalt erstaunt. Und es hat mich geradezu erleichtert: Es gibt nicht die eine Weise, mütterlich zu sein, sondern die Freiheit, das je für sich selbst zu entdecken.

Geburtsort

Geboren bin
ich nicht alleine.
Ich gehöre einer Familie an.
Bevor wir das Licht der Welt erblicken,
bevor wir das erste Wort gesprochen haben,
lange bevor wir
stehen und gehen können,
bevor wir zu bitten
und zu danken gelernt haben,
hat unsere Mutter uns getragen,
genährt und erwartet.

EVA LOOS

Nachts in New York

Kinderweinen
nachts in New York
bricht Wände auf,
durchlöchert Häuser,
untergräbt Fundamente.
Es stürzen Steine herab,
Schlafbrocken,
abgerissene Träume,
dicht an dicht.
Finstere Mauern
stellen sich auf vier Füße
und machen mit viehischem Gebrüll
das Universum taub.
Da kommt die Mutter
von der fernen,
sternigen Milchstraße,
nährt das Kind
mit Ruhe und Stille,
und endlich
kann New York
wieder die Augen schließen.

RACHEL ZYCHLINSKI

Seit Monaten schon, mein Kind

hab' ich dich nicht gesehen,
seit Monaten hab' ich dich nicht
warm in den Schlaf gewiegt,
seit Monaten sprechen wir nur über Telefon
miteinander,
Ferngespräche, da müssen wir schnell reden,
wie erklär' ich dir, Liebling,
mit zweieinhalb Jahren, was eine Revolution ist?

Wie sage ich dir, viele Menschen sind im Gefängnis;
in den Bergen zerreißt das Leid ganze Dörfer;
andere Kinder gibt's, die nie mehr die Stimme der
Mutter hören?
Wie erklär' ich dir, dass es manchmal notwendig ist
sich zu trennen,
weil der Kreis sich schließt
und man die Heimat, das Haus und die Kinder
verlassen muss
bis wer weiß wann
(und doch vertrauen wir auf den Sieg),
wie erklär' ich dir, dass das Land, das wir schaffen,
für dich ist,

wie erklär' ich dir diesen ganzen Krieg
gegen das Leid, gegen den Tod,
            gegen die Ungerechtigkeit?
Wie erklär' ich dir so,
so viele Dinge,
mein kleines Mädchen?

GIOCONDA BELLI

Mutter

Stark war sie nicht
Nicht unerschütterlich
Nicht ohne Angst

Lachen konnte sie
Mit ihr wusste ich
Wo es langgeht
Wie es weitergeht
Was wichtig ist
Was richtig
Dass es gut wird

30 Jahre lang hatte ich sie:
Die wichtigste Frau meines Lebens

Am Ende
(sie war 60, ihr Haar noch nicht grau)
Brauchte sie
Meine Kraft
Meine Fröhlichkeit
Meine hilflose Hoffnung

Gerne hätte ich ihr Altwerden gesehen
Es hätte ihr gut gestanden

Stark war sie nicht
Aber ihr Erbe ist mächtig

Die Freude am Leben

GABRIELE HARTLIEB

Alle Mütter

Alle Mütter waren einmal klein.
Kinder können das oft gar nicht fassen.
Wenn die Kinderschuhe nicht mehr passen,
Fällt es ihnen wohl zuweilen ein.
Große Kinder suchen fremde Gassen,
Mütter bleiben später oft allein.

Alle Kinder werden einmal groß.
Mütter können das oft nicht begreifen.
Kleines Mädchen mit den bunten Schleifen,
Spieltest gestern noch auf ihrem Schoß;
Kleiner Sohn, musst du die Welt durchstreifen?
Mütter haben oft das gleiche Los.

Alle Stuben werden einmal leer.
Kahl der Tisch, verwaist und stumm der Garten.
Diele knarrt. Die Mütter schweigen, warten …
Manchmal kommt ein Brief von weitem her.
Stern verlischt. Und all die wohlverwahrten
Tränen tropfen ungeweint ins Meer.

MASCHA KALÉKO

An mein Kind

Dir will ich meines Liebsten Augen geben
Und seiner Seele flammenreiches Glühn.
Ein Träumer wirst du sein und dennoch kühn,
Verschloßne Tore aus den Angeln heben.

Wirst ausziehn, das gelobte Glück zu schmieden.
Dein Weg sei frei. Denn aller Weisheit Schluß
Bleibt doch zuletzt, daß jedermann hienieden
All seine Fehler selbst begehen muß.

Ich kann vor keinem Abgrund dich bewahren,
Hoch in die Wolken hängte Gott den Kranz.
Nur eines nimm von dem, was ich erfahren:
Wer du auch seist, nur eines – sei es ganz!

Du bist, vergiß es nicht, von jenem Baume,
Der ewig zweigte und nie Wurzel schlug.
Der Freiheit Fackel leuchtet uns im Träume –
Bewahr den Tropfen Öl im alten Krug!

MASCHA KALÉKO

Mütterlicherseits

Mütterlicherseits
waren sie Hugenotten,
Seidenweber aus
der Gegend um Nimes,

Wo sie sich die
Seinen nannten
und Ihn ihren
Bräutigam:

Voici l'époux,
allez à sa
rencontre,

Einen Stuhl
mehr hinstellten,
Ihn aufzunehmen,

Ein Gedeck
mehr auflegten,
dass er ihr
Gast sei,

Das Buch
aufschlugen,
Ihm zuzuhören,

Die Tür einen
Spalt offenließen,
damit Er jederzeit
in sein Eigentum komme;
Ein Sehnsuchtsbild:
Stuhl Tisch Buch Tür,
auf unsichtbarer Kette
in einen Gobelin gewebt;

Den haben die Motten
zerfressen und
verschiedene Kriege
samt Stuhl Tisch
Tür und Buch

in längst
vergessener
Sprache

EVA ZELLER

Ziehende Landschaft

Man muss weggehen können
und doch sein wie ein Baum:
als bliebe die Wurzel im Boden,
als zöge die Landschaft und wir ständen fest.
Man muss den Atem anhalten,
bis der Wind nachlässt
und die fremde Luft um uns zu kreisen beginnt,
bis das Spiel von Licht und Schatten,
von Grün und Blatt,
die alten Muster zeigt
und wir zuhause sind,
wo es auch sei,
und niedersitzen können und uns anlehnen,
als sei es an das Grab
unserer Mutter.

HILDE DOMIN

Müde bin ich, geh zur Ruh

Müde bin ich, geh zur Ruh,
schließe meine Augen zu.

Vater, lass die Augen dein
über meinem Bettchen sein.

Hab ich Unrecht heut getan,
sieh es, lieber Gott, nicht an.

Deine Gnad und Jesu Blut
machen allen Schaden gut.

Alle, die mir sind verwandt,
Gott, lass ruhn in deiner Hand.

Alle Menschen groß und klein
sollen Dir befohlen sein.

Nasse Augen schließe zu,
kranken Herzen gebe Ruh.

Lass den Mond am Himmel stehn
und die stille Welt besehn.

LUISE HENSEL

An meine Mutter

So gern hätt' ich ein schönes Lied gemacht,
Von deiner Liebe, deiner treuen Weise,
Die Gabe, die für Andre immer wacht,
Hätt' ich so gern geweckt zu deinem Preise.

Doch wie ich auch gesonnen, mehr und mehr,
Und wie ich auch die Reime mochte stellen,
Des Herzens Fluten rollten drüber her,
Zerstörten mir des Liedes zarte Wellen.

So nimm die einfach schlichte Gabe hin,
Vom einfach ungeschmückten Wort getragen,
Und meine ganze Seele nimm darin;
Wo man am meisten fühlt weiß man nicht viel zu sagen.

ANNETTE VON DROSTE-HÜLSHOFF

Das gold einer blume

Meiner tochter habe ich
den namen Kleïs gegeben
das gold einer blume
nicht für Krösus' reich
noch für anderes würde
ich dich jemals hergeben

SAPPHO

Mit zwanzig wusste man ziemlich genau

Mit Erfahrung älter werden

Älterwerden ist ein großes Thema – gewiss auch für Männer; und doch besonders für Frauen. Einerseits ist für sie irgendwann der Punkt gekommen, an dem klar wird: Mutter werde ich nicht mehr oder nicht noch einmal. Andererseits erleben alternde und alte Frauen, dass sie wie unsichtbar sind – sie werden von den Jüngeren, von den Männern kaum wahrgenommen, die Blicke wandern an ihnen vorbei und durch sie hindurch. So sind sie in der Gesellschaft wie nicht existent oder sie werden in Rollen gedrängt: Alt, nicht mehr attraktiv, nicht mehr aktiv, nicht mehr weiblich. Insofern sind die Gesichtsfalten, die sich zeigen, die körperliche Veränderung im Alter für viele Frauen eine tiefe Belastung, die sie am liebsten ignorieren oder ihr entgegensetzen, was nur möglich ist. Andere resignieren und wollen sich selbst nicht mehr anschauen und wahrnehmen.

In den Gedichten wird deutlich: Frauen setzen sich bewusst mit dem Alter auseinander. Und: Altwerden macht nicht nur Angst. Es lässt das Leben auch bewusster wahrnehmen. Es ist gut, die »Ohnmacht meines Körpers« (Rose Ausländer) wahrzunehmen. Und doch trotzig zu bleiben: »Nach meinem Tod möchte ich noch nicht gestorben sein.« (Rosemarie Egger)

Mir scheint, die Dichterinnen nehmen Psalm 90 ernst: »Lehre uns bedenken, dass wir sterben müssen, auf dass wir klug werden«. Aus dem Begreifen der eigenen Endlichkeit muss ja nicht Schock, Verdrängung oder Panik entstehen, sondern dieses Wissen um eine Grenze kann auch die Liebe zum Leben vertiefen. Da entsteht eine Lust, quer zu denken, das Leben als schön zu erleben und eine neue Art Humor zu entdecken.

Besonders lieb ist mir in diesem Zusammenhang Dorothee Sölle, die ja über ihrem Buch »Mystik des Todes« starb. Dem Tod nicht mehr geben, als sein muss – das ist ihre Haltung. Dann lasse ich mich nicht einengen, ängstigen, bestimmen vom Tod. Vielmehr weiß ich zwar um ihn, aber ich genieße und feiere das Leben! Dass Frauen, die älter werden, diesen Prozess heute auch mit einer gewissen Heiterkeit sehen können, ist in der Tat ein großer Fortschritt. Und dass sie dem Tod ins Gesicht sehen, aber Ja sagen zum Leben, zeigt eine wunderbare Lust am Sein.

Mit zunehmendem Alter und abnehmendem Verstande

Mit Zwanzig wußte man ziemlich genau,
Was man wollte.
Nicht etwa, daß man immer auch tat,
Was man sollte.
Aber was man sollen sollte,
Das wußte man genau.
– Heute ist man nur von Zweifeln voll
Und weiß nicht, was man will noch soll.

MASCHA KALÉKO

Das berühmte Gefühl

Als ich zum ersten Male starb,
– Ich weiß noch, wie es war.
Ich starb so ganz für mich und still,
Das war zu Hamburg, im April,
Und ich war achtzehn Jahr.

Und als ich starb zum zweiten Mal,
Das Sterben tat so weh.
Gar wenig hinterließ ich dir:
Mein klopfend Herz vor deiner Tür,
Die Fußspur rot im Schnee.

Doch als ich starb zum dritten Mal,
Da schmerzte es nicht sehr.
So altvertraut wie Bett und Brot
Und Kleid und Schuh war mir der Tod.
Nun sterbe ich nicht mehr.

MASCHA KALÉKO

Ich denke

Ich denke
an die Eltern die mich verwöhnten
an Spielzeug und Kindergespielen

an Lust und Qual meiner
ersten Liebe

an Venedig Luzern die
Riviera und Israel

an Hölderlin Trakl
Kafka und Celan

an das Getto an Todestransporte
Hunger und Angst

an den Unfall
das ewige Bett an Freunde die
mich verließen und Menschen
die mir beistehn

Ich denke an die Ohnmacht meines Körpers
die Macht des Denkens
an Zauberworte und
Lebenszauber

Der winkende Tod
denkt an mich

ROSE AUSLÄNDER

Geburtstag

Der Geburtstag
wird immer schwerer

die Angst hat Angst
vor dem Geburtstag

Der Geburtstag hat Angst
vor der Angst

Lass mich leichter
geboren werden

ROSE AUSLÄNDER

Beichte

Immer die gleiche Rose.
Immer das gleiche Gesicht.
Unterm wechselnden Monde.
Unterm wechselnden Licht.

Immer die gleiche Tollheit.
Immer der gleiche Traum.
Immer noch keine Weisheit.
Immer noch nicht: wie ein Baum.

EVA STRITTMATTER

Menschwerdung

Ich werde mich übergeben müssen
noch und noch
ich werd mich häuten müssen
sieben mal siebenmal.

UTE ZYDEK

nach meinem tod …

möchte weit reichen
nach meinem tod
die schatten rot färben
nach meinem tod
wie ein bauer pflügen
die herzen
nach meinem tod
besamen
mit lauter güte.

nach meinem tod
möchte ich noch nicht
gestorben sein.

ROSEMARIE EGGER

Das Stündlein

Die Stunde,
die man das
Stündlein nennt.

Befeuchtet mir nicht
mehr die Lippen,
zieht die Kanülen
aus meinen Venen,

hört auf, mich
zu beatmen, nehmt
die gelbe Urintasche
von der Bettseite,
geht,

der letzten Worte
sind genug gefallen.

Noch kann ich die
Lider selber schließen,
um an Deinem Bild
zu erwachen,

als ob, wie in
Dantes Paradiso
mein Schauen größer wäre
als die Sprache,
die ihm nicht gewachsen.

EVA ZELLER

Die schwersten Wege

für R. H.

Die schwersten Wege
werden alleine gegangen,
die Enttäuschung, der Verlust,
das Opfer,
sind einsam.
Selbst der Tote der jedem Ruf antwortet
und sich keiner Bitte versagt
steht uns nicht bei
und sieht zu
ob wir es vermögen.
Die Hände der Lebenden die sich ausstrecken
ohne uns zu erreichen
sind wie die Äste der Bäume im Winter.
Alle Vögel schweigen.
Man hört nur den eigenen Schritt
und den Schritt den der Fuß
noch nicht gegangen ist aber gehen wird.
Stehenbleiben und sich Umdrehn
hilft nicht. Es muss
gegangensein.

Nimm eine Kerze in die Hand
wie in den Katakomben,
das kleine Licht atmet kaum.
Und doch, wenn du lange gegangen bist,
bleibt das Wunder nicht aus,
weil das Wunder immer geschieht,
und weil wir ohne die Gnade
nicht leben können:
die Kerze wird hell vom freien Atem des Tages,
du bläst sie lächelnd aus
wenn du in die Sonne trittst
und unter den blühenden Gärten
die Stadt vor dir liegt,
und in deinem Hause
dir der Tisch weiß gedeckt ist.
Und die verlierbaren Lebenden
und die unverlierbaren Toten
dir das Brot brechen und den Wein reichen –
und du ihre Stimmen wieder hörst
ganz nahe
bei deinem Herzen.

HILDE DOMIN

Älter werden

Antwort auf Christa Wolf
»Du weinst um das Nachlassen … und,
so unglaublich es sein mag, den
unvermeidlichen Verfall der Sehnsucht.«
(»Kindheitsmuster«)

I

Die Sehnsucht
nach Gerechtigkeit
nimmt nicht ab
Aber die Hoffnung

Die Sehnsucht
nach Frieden
nicht
Aber die Hoffnung

Die Sehnsucht nach Sonne
nicht
täglich kann das Licht kommen
durchkommen

Das Licht ist immer da
eine Flugzeugfahrt reicht
zur Gewissheit

Aber die Liebe

der Tode und Auferstehung fähig
wie wir selbst
und wie wir

der Schonung bedürftig

HILDE DOMIN

Allegro Ma Non Troppo

Du bist schön sag' ich zum Leben –
mehr noch wär' nicht auszudenken,
lurchiger und lerchenhafter,
ameisiger, samenvoller.

Ich versuch', ihm zu gefallen,
augendienerisch zu schmeicheln.
Immer grüß' ich es als erste,
mit Ergebenheit im Ausdruck.

Quere seinen Weg zur Linken,
quere seinen Weg zur Rechten,
fliege hoch vor Enthusiasmus,
falle tief vor Ehrerbietung.

Wie sehr Heu ist dieses Pferdchen,
wie sehr Wald ist diese Beere –
niemals hätt' ich's wahrgenommen,
wär' ich nicht zur Welt gekommen!

Es gibt nichts – sag' ich zum Leben –
was mit dir vergleichbar wäre.
Niemand machte besser oder
schlechter einen zweiten Zapfen.

Lobe die Erfindungsgabe,
Großmut, Schwungkraft und Exaktheit,
außerdem – und was ansonsten –
Wunderwerke, Zaubereien.

Seit gut hunderttausend Jahren
mach ich ihm den Hof und lächle;
um es ja nicht zu verletzen,
zu erzürnen, zu entfesseln.

Zerr am Blattsaum dieses Lebens:
Bleibt es stehn? Kann es mich hören?
Wird es einmal, eine Weile
nur vergessen – wo es hinführt?

WISŁAVA SZYMBORSKA

Ich bin Niemand! Wer bist Du?

Ich bin Niemand! Wer bist Du?
Zum Niemand auch ernannt?
Dann passt Du gut zu Mir dazu!
Sag´nichts! – sonst wird´s – bekannt!

Wie öd, ein – Jemand – so zu sein –
wie öffentlich – wie'n Fröschchen fast,
das Namen quakt – jahraus, jahrein –
dem liebenden Morast!

EMILY ELIZABETH DICKINSON

Traum

Schwebende Füsse in pathetischem Glanze.
Ich selbst,
Auch ich tanze,
Befreit von der Schwere
Ins Dunkle, ins Leere.
Gedrängte Räume vergangener Zeiten,
Durchschrittene Weiten,
Verlorene Einsamkeiten
Beginnen zu tanzen, zu tanzen

Ich selbst,
Auch ich tanze,
Ironisch vermessen,
Ich hab nicht vergessen,
Ich kenne die Leere,
Ich kenne die Schwere,
Ich tanze, ich tanze
In ironischem Glanze

HANNAH ARENDT

Gegen den tod

Ich muss sterben
aber das ist auch alles
was ich für den tod tun werde

Alle anderen ansinnen
seine beamten zu respektieren
seine banken als menschenfreundlich
seine erfindungen als fortschritte der wissenschaft
zu feiern
werde ich ablehnen

All den anderen verführungen
zur milden depression
zur geölten beziehungslosigkeit
zum sicheren wissen
dass er ja sowieso siegt
will ich widerstehen

Sterben muss ich
aber das ist auch alles
was ich für den tod tu

Lachen werd ich gegen ihn
geschichten erzählen
wie man ihn überlistet hat
und wie die frauen ihn
aus dem land trieben

Singen werd ich
und ihm land abgewinnen
mit jedem ton

Aber das ist auch alles

DOROTHEE SÖLLE

Gott, wo bist du?

Sehnsucht nach Mehr

Die Frage nach Gott treibt Menschen um, seit Jahrhunderten, seit Jahrtausenden. Gerade angesichts von Leid und Zerstörung stellt sie sich wieder und wieder. Zweifel an der Existenz Gottes macht sich fest an der Erfahrung von Krieg und Gewalt, von Verlust, Trauer und Tod; Verzweiflung wird hinaus geschrien.

An den Gedichten der Frauen rührt mich an, dass sie Gott nicht nur im Leid suchen, sondern offenbar mitten in ihrem Alltag nach Gott fragen: Wie kann ich dich spüren, Gott, wie erleben, erfahren? Und dann gibt es fast spielerische Dialoge mit Gott: »Fang sie doch auf, meine Welt!« (Cordelia Edvardson) Die Dichterinnen stehen im heiteren, ernsten, alltäglichen Gespräch mit Gott: »Gib mir die Gabe der Tränen.« (Dorothee Sölle)

In der Bibel heißt es über die Zukunft nach dieser Zeit und Welt: »Siehe da, die Hütte Gottes bei den Menschen! Und er wird bei ihnen wohnen, und sie werden sein Volk sein und er selbst, Gott mit ihnen, wird ihr Gott sein …« (Offenbarung 21,3) Ich finde dieses Bild wunderbar. Gott ist sozusagen in der Nachbarschaft zu finden. Wir können vorbeikommen und mit ihm reden als Nachbarin, als »große Schwester« (Susanne Niemeyer), einfach so, ganz direkt. Mir scheint, genau so sprechen die Dichterinnen Gott an. Sie nehmen Gott in ein Gesprächsverhältnis hinein, sind per Du mit Gott.

Die so formulierte Nähe spiegelt die Erfahrung des Christentums: Gott ist nicht der ferne Weltenlenker, sondern begibt sich mitten hinein in die Welt, indem er selbst Kind wird, die Grunderfahrungen des Lebens macht, ja sogar die von Leid, Sterben und Tod. Die Frage, wo Gott ist, wird beantwortet durch die Nähe Gottes, mitten im Alltag, mitten im Leid.

An Gott

Du wehrst den guten und den bösen Sternen nicht;
All ihre Launen strömen.
In meiner Stirne schmerzt die Furche,
Die tiefe Krone mit dem düsteren Licht.

Und meine Welt ist still –
Du wehrtest meiner Laune nicht.
Gott, wo bist du?

Ich möchte nah an deinem Herzen lauschen,
Mit deiner fernsten Nähe mich vertauschen,
Wenn goldverklärt in deinem Reich
Aus tausendseligem Licht
All die guten und die bösen Brunnen rauschen.

ELSE LASKER-SCHÜLER

Irgendwer

Einer ist da, der mich denkt.
Der mich atmet. Der mich lenkt.
Der mich schafft und meine Welt.
Der mich trägt und der mich hält.
Wer ist dieser Irgendwer?
Ist er ich? Und bin ich Er?

MASCHA KALÉKO

Auferstehung

Manchmal stehen wir auf
Stehen wir zur Auferstehung auf
Mitten am Tage
Mit unserem lebendigen Haar
Mit unserer atmenden Haut.

Nur das Gewohnte ist um uns.
Keine Fata Morgana von Pslamen
Mit weidenden Löwen
Und sanften Wölfen.

Die Weckuhren hören nicht auf zu ticken
Ihre Leuchtzeiger löschen nicht aus.

Und dennoch leicht
Und dennoch unverwundbar
Geordnet in geheimnisvolle Ordnung
Vorweggenommen in ein Haus aus Licht.

MARIE LUISE KASCHNITZ

Dein Wille geschehe – doch was ist dein Wille?

Dein Wille geschehe! – Doch was ist dein Wille?
Dein heilig Reich komme – doch wo naht es sich?
Ich ruf's durch die Welt; doch in ewiger Stille
Verbreitet sich Schweigen und Grausen um mich.

Dich such' ich im Himmel, auf Erden, im Herzen,
Doch Vater, Allew'ger, auch wo find' ich Licht?
Dich fasst' ich in Wonnen, Dich fasst' ich in Schmerzen,
Nur irr' ich im Dunkel und fasse Dich nicht.

Und bin ich ein Geist denn, und hat ewig Leben
Dein Atem dem Kind in die Seele gehaucht,
So muss deine Liebe dort Antwort mir geben,
Weil hier meine Liebe die Antwort gebraucht.

ADELE SCHOPENHAUER

An den Schöpfer

An ihrem Geburtstage den 1ten des Weinmonats 1761

Wo war ich, als dich Morgensterne lobten?
Da, wie aus Windeln du gewickelt hast das Meer!
Und als vor dir die Wellen tobten,
Zu ihnen sprachest: kommet, bis hierher!

Wo lag ich, als dein Arm der Erde Grenzen
Umher gezogen hat, und ihren Grund gelegt?
Als du die Morgenröte glänzen
Mit Purpur hießest, den sie um sich trägt?

In ungeformtem Klumpen noch gelegen
Bin ich, als auf dein Wort der Tag hervor geeilt
Der Tau gezeugt ward, und der Regen
Und Finsternis von Lichte ward geteilt!

Noch gleicht dem kleinsten Staube, den die Sonne
Heißscheinend an sich zieht von dürrer Erde Schoß,
War ich doch schon der Engel Wonne,
Von dir erschaffen, war ich ihnen groß.

Mit Sonnenkleidern herrlich angezogen
Hast du, Gott Schöpfer! sie dem Winde gleich gemacht;
Schönfarbigt wie der Regenbogen
Wie Sonnenglut, ist ihrer Leiber Pracht.

Zum Dienst erschaffen für die Menschenkinder
Sind sie; sie eilen, Gott! wenn du Befehle blickst,
Durch deinen Himmel viel geschwinder
Als deine Blitze, die du flammigt schickst!

Aus Äther sind zusammen sie geflossen:
Ich ward, wie Staub, der auf der Flur zusammen läuft,
Wenn deine Wolken ihn begossen
Und Kloß an Kloß sich nun zusammen häuft.

Ich ward; dein Sprechen: Lasst uns Menschen machen!
Das riss auch mich hervor, als du des Lebens Tür
Entriegeltest, und noch der Rachen
Des Grabes nicht eröffnet war vor dir!

Jahrtausende vergingen, kurze Tage
Vor deinem Angesicht! Dann kam mein Tag, und du
Gabst mir die Hülle, die ich trage
Um diesen Geist von dir geatmet, zu!

Von deinem Munde, der mit einem Hauche
Gebürge bläset tief herunter in das Meer,
Nahm ich dies Leben zum Gebrauche,
Zu deinem Ruhm; Herr! mein Gesang sei er!

ANNA LOUISA KARSCHIN

Gib mir die gabe der tränen gott

Gib mir die gabe der tränen gott
gib mir die gabe der sprache

Führ mich aus dem lügenhaus
wasch meine erziehung ab
befreie mich von meiner mutter tochter
nimm meinen schutzwall ein
schleif meine intelligente burg

Gib mir die gabe der tränen gott
gib mir die gabe der sprache

Reinige mich vom verschweigen
gib mir die wörter den neben mir zu erreichen
erinnere mich an die tränen der kleinen studentin
in göttingen
wie kann ich reden wenn ich vergessen habe
wie man weint
mach mich nass
versteck mich nicht mehr

Gib mir die gabe der tränen gott
gib mir die gabe der sprache

Zerschlage den hochmut mach mich einfach
lass mich wasser sein das man trinken kann
wie kann ich reden wenn meine tränen nur
für mich sind
nimm mir das private eigentum und den wunsch
danach
gib und ich lerne geben

Gib mir die gabe der tränen gott
gib mir die gabe der sprache
gib mir das wasser des lebens

DOROTHEE SÖLLE

Dies ist meine Welt

Dies ist meine Welt
die Welt die ich erschaffe
die sterben wird mit mir
(denn die Wirklichkeit verändert sich
durch unser Betrachten
lehrt Heisenberg).
Nein, meine Welt, ich verlasse dich nicht
hochwerfen will ich dich
wie einen roten Ball
in schwindelndblaue Unendlichkeit.
Fang auf, Gott
hier kommt meine Welt!

CORDELIA EDVARDSON

Gott-Held

Du haust die Dinge nicht kurz und klein.
Du flüsterst Mutparolen in mein Herz.
Du füllst Blei in meine Beine, wenn ich standhalten will.
Den Angreifern gibst du keins auf die Mütze. Aber
du stehst bei den Schwachen und machst sie stark.
Dein Halfter ist leer.
Du zeigst nicht, wo's lang geht,
du bist der Weg.
Die Seelenmonster unter meinem Bett vertreibst du,
und in meinen Träumen machst du mich groß.
Du bist
Nachtvertreiber
Große Schwester
Ich-bin-da.

SUSANNE NIEMEYER

Wer glaubt

Wer glaubt
Wer glaubt,
braucht das Ende des Lebens
nicht zu fürchten.

Wer nicht glaubt,
auch nicht.

Denn Gott glaubt an uns.

PETRA STADTFELD

Gott ähnelt der Seele in fünf Dingen

O du schöne rose im dickicht!
O du fliegende biene am honig!
O du reine taube in deinem fortbestehen!
O du sonne mit deinem glanz!
O du vollmond wie du stehst!
Ich vermag mich nicht von dir abzuwenden.

MECHTHILD VOM MAGDEBURG

Aus solchen Tagen wird wohl kein Leben

Aus solchen Tagen wird wohl kein Leben.
Vielleicht hat sich schon im Mutterleib
mein Schicksal mutig von mir getrennt
und ging – tapferer als ich je einmal war –
für mich auf den gottverlassensten Stern,
blieb dort, legte sich schlafen
und träumte vielleicht aus, was mir zustoßen soll
mit glänzenden Schläfen.
Heimtückisch lass ich mich oft von dem Wind
nah an den Herdplatz der Wirklichen wehen,
lasse mich rösten, lasse mich schälen
und von den bitter Enttäuschten
wieder zurück in das Feuer spucken
oder in salziges Wasser.

Doch denk ich oft nach, ob Gott von mir weiß,
ob es Schutzgeister gibt auch für solche wie mich
und ob den hochheiligen Seelenkern
wirklich nur diese Gesunden haben,
die mit den Zähnen Nüsse zerbeißen
und fremdes für eigenes Schicksal.
In Feuer und Wasser denkt niemand klar –
Vergebt mir, Gottvater, Gottsohn und Gottgeist!
Ihr seid ja dreifaltig, ich bin so allein
und niemand weckt oben mein Schicksal.

CHRISTINE LAVANT

Ich bin die Sehnsucht nach Gott

Ich bin das feurige Licht göttlicher Weisheit
Ich entzünde die Schönheit der Ebenen
Ich bringe das Wasser zum Funkeln
Ich brenne in der Sonne und um Mond
und in den Sternen
Ich schmücke die Erde.
Ich bin der Windhauch, der alles Grüne nährt,
Ich bin der Regen aus dem Tau,
Der die Gräser auflachen lässt
Aus Lebensfreude.
Ich bringe Tränen hervor, den Duft heiligen Werkes.
Ich bin die Sehnsucht nach Gott.

HILDEGARD VON BINGEN

Tutzinger Gedichtkreis

Zu reden begann ich mit dem Unsichtbaren
Anschlug meine Zunge das ungeheuere Du,
Vorspiegelnd altgewesene Vertrautheit.
Aber wen sprach ich an? Wessen Ohr
Versuchte ich zu erreichen?
[…]

Wer ausgeht, die Alten zu fragen, bekommt
keine Antwort.

Abgebrochen hast Du das alte Gespräch.
Wenn wir fragen, zu welchem Ende,
Schweigst Du.
Wenn wir fragen, warum so geschwinde,
Schweigst Du.
Wenn wir hingehen und tun, als wärest Du gar nicht da,
Lässt Du uns bauen den Turm bis zum
obersten Stockwerk.
Stürzt ihn mit einem Nichts von Atem ein.

Im Herzen derer, die Dein Feld bebauen,
Am Weinberg Deinen Rebenschößling biegen,
Erweckst Du Fluchtgedanken, große Unrast.
Lässt sie aufschauen von der Furche, der Straße nach,

Die sich im Tal verliert. Lässt sie erschauern
Vor der Einsamkeit der Herbstabende und dem traurigen Brüllen im Kuhstall.
Ihre Ohren machst Du feindselig gegen die Stille.
Ihr Dorf heißt Immergewohnt,
Ihr Haus heißt Niemalsverlassen.
Wenn die Motoren brüllen, zuckt ihr Herz.

Es ist, als ginge Dir alles nicht schnell genug.
Du bist wie ein Hausherr, der ausräumt – gestern die alten Sprüche,
Heute die Bilder, morgen die sichere Bettstatt.
Worauf sollen wir schlafen? Ihr schlaft nicht mehr.
Wovon sollen wir essen? Ihr esst nicht mehr.
Wohin werden wir reisen? Schon lange bist Du aufgebrochen,
Keine Fußspur im Sande. Kein Zweig geknickt.

Aufbruch wohin? Straße durch keine Ortschaft.
Glattes Band aus Asphalt über die nackten Höhen.
Wer sich wachhalten will, muss aus dem Äther
Musik herholen. Wolfgang Amadeus
Am Cembalo bei nackten Föhrenstümpfen.
Oder mitnehmen einen, den Fremden vom Straßenrande,
Den vielleicht Mörder. Nur um seiner Stimme,
Der brüderlichen willen, unterm Mond.
[...]

Manchmal kommt es uns vor, als müssten wir
Dir nachrufen, sagen, was aus uns geworden ist,
Allein gelassen zwischen Tür und Angel,
Und wie die Freude aussieht Deiner Kinder,
Die springen und sich aneinanderreißen
In schwarzen Kellern oder dasitzen schweigend
Beim Trommelwirbel vielen Herzschlag lang.
Und wie das klingt, der Überfallsirene
Finsteres Auf und Ab und der Schrei in
der Dreschflegelgasse,
Und wie die Knaben fortgehen in der Nacht
Und ihre Zeichen auf die Mauern malen,
Und keiner weiß, in welchem Du Dich birgst ...

Und manchmal kommt es uns vor, als müssten wir
Vor Dein Angesicht bringen alles, was Du gemacht hast,
Es aufzuheben gegen Deine Kälte.
Ausschreien will ich Dir wie auf dem Jahrmarkt
Das Pappellaub, das silbern steht im Windsturz,
Den Schuppenglanz der Fische, das seltsame Auge
des Zickleins,
Das schöne pestgefleckte Ahornblatt.
Wie die Windharfe sang in den Bäumen,
Wie die Flöte des Hirten in Argos,
Ausschreien will ich dies alles und zuletzt
Die Freude meiner Liebe,
Ich, Dein Gedächtnis.
[...]

Und dennoch wirst Du fordern,dass wir Dich
Beweisen unaufhörlich, so wie wir sind
In diesem armen Gewande, mit diesen
glanzlosen Augen,
Mit diesen Händen, die nicht mehr zu bilden
verstehen,
Mit diesem Herzen ohne Trost und Traum.
Aufrufen wirst Du Legionen der Ungläubigen
Kraft Deiner lautlosen Stimme Tag für Tag,
Ihre Glieder werden hören,
Ihr Schoß wird hören,
Essen und trinken werden sie Dich,
Ihre Lungen amten Dich ein und aus.

Verlangen wirst Du, dass wir, die Lieblosen dieser Erde,
Deine Liebe sind.
Die Hässlichen deine Schönheit,
Die Rastlosen Deine Ruhe,
Die Wortlosen Deine Rede,
Die Schweren Dein Flug.

Jeder wird wissen, dass dieses von ihm erwartet wird,
Etwas, wogegen Atombomben ein Kinderspiel sind.
Und aufbegehren wird er und sagen, wie kommen
wir dazu.

Und sagen, wie hässlich ist es, erwachsen zu werden.
Und aufzubleiben in der Nacht, allein.
Aber jeder wird wissen: dies ist Dein letztes Geheimnis.
Dein Fernsein Deine Nähe,
Dein Zuendesein Dein Anfang,
Deine Kälte Dein Feuer,
Deine Gleichgültigkeit Dein Zorn.

Und einige wirst Du bisweilen beweglich machen
Schneller als Deine Maschinen und künstlichen Blitze,
Überflügeln werden sie ihre Angst.
Fahrende werden sie sein. Freudige.
Reich wird und voll von Süße sein
Die Begegnung, der Gruß im Vorüber.
Nisten werden sie in ihrer Heimatlosigkeit
Und sich lieben in Tälern des Abschieds.
Gleitet Ihr Sterblichen –

MARIE LUISE KASCHNITZ

Rhapsodie

Ich lasse dich nicht du segnest mich denn
Ich lobpreise ich lobsinge
Ich lobe Dich in Deinen Monden in Deinen
Schmalen wiegenden messingfarbenen Monden
Die meine Nacht klar machen
Ich lobe Dich ich preise Dich in Deinen
Dürstenden Horizonten
Ich preise Dich in Deinen Wiesen und in Deinen
Süßen unberührten wehenden Wiesen in Deinen
Purpurnen Augustwiesen
Ich lobsinge dir im flammenden Wald
In Deinem Wald über ihm die wandernden
Leicht damastenen Wolken
Ich bete Dich an in allen Deinen Geschöpfen
In Deinen flüchtigen hellen ängstlichen blinden
einsamen holden Geschöpfen

FRIEDERIKE MAYRÖCKER

Quellenverzeichnis

18; 24; 70; 71; 134; 146: Dorothee Sölle: Fliegen lernen, Zivil und ungehorsam, Loben ohne Lügen © Wolfgang Fietkau Verlag, Kleinmachow

19; 41; 46; 121: Werte, Rätsel I, Licht I, Beichte aus: Eva Strittmatter. Sämtliche Gedichte. Erweiterte Neuausgabe © Aufbau Verlag GmbH & Co. KG, Berlin 2015

20; 99: »Allein« und »Nachts in New York« aus Rajzel Zychlinski »di lider. 1928–1991 / Die Gedichte. Jiddisch und deutsch« herausgegeben und übertragen von Hubert Witt © 2003 by Zweitausendeins Versand Dienst GmbH, www.Zweitausendeins.de

21; 43; 47: Sarah Kirsch, Sämtliche Gedichte © 2005, Deutsche Verlags-Anstalt, München, in der Verlagsgruppe Random House GmbH

22: Hilde Domin, Wahl. Aus: dies., Gesammelte Gedichte. © S.Fischer Verlag GmbH, Frankfurt am Main 1987

25: Hedwig Jahnow: Freundin, unter Dornen wie die Rose. In: Was du mir bedeutest. Mütter und Töchter (Milch und Honig), Berlin 2003

26: Hilde Domin, Wie wenig nütze ich bin. Aus: dies., Gesammelte Gedichte. © S.Fischer Verlag GmbH, Frankfurt am Main 1987

29: Kerstin Hensel, Alle Wetter © Luchterhand Literaturverlag, München, in der Verlagsgruppe Random House GmbH

30: Margarete Hannsmann: In: Drachmentage. Eremiten-Presse, Düsseldorf

32: Hilde Domin, Auf Wolkenbürgschaft. Aus: dies., Gesammelte Gedichte. © S.Fischer Verlag GmbH, Frankfurt am Main 1987

34; 44; 55; 140: Else Lasker-Schüler: in: Gedichte. Suhrkamp Verlag Frankfurt am Main 1997

35: »Neuer Tag« aus: Elisabeth Borchers, Alles redet, schweigt und ruft. Gesammelte Gedichte. Ausgewählt und mit einem Nachwort versehen von Arnold Stadler. © Suhrkamp Verlag Frankfurt am Main 2001. Alle Rechte bei und vorbehalten durch Suhrkamp Verlag Berlin.

40: Helga M. Novak, Solange noch Liebesbriefe eintreffen. Gesammelte Gedichte. Herausgegeben von Rita Jorek. Mit einem Nachwort von Eva Demski © Schöffling & Co. Verlagsbuchhandlung GmbH, Frankfurt am Main, 1997, 1999, 2005

42: »kalten Blutes«, aus: Ursula Krechel, Ungezürnt. Gedichte, Lichter, Lesezeichen. © Suhrkamp Verlag Frankfurt am Main 1997. Alle Rechte bei und vorbehalten durch Suhrkamp Verlag Berlin.

45: Sibylla Schwarz: zitiert nach: http://www.sonett-archiv.com/s/Schwarz/Sonette-01.HTM

48; 66; 86; 100: Niemand sucht aus, Spielregeln für Männer, Lebte ich nicht, Seit Monaten schon, mein Kind, aus: Gioconda Belli, Wenn du mich lieben willst, Peter Hammer Verlag, Wuppertal 1993.

51: Eva Christina Zeller. © Gedichte; Klöpfer und Meyer Verlag; Tübingen 2012; S. 103

52; 68; 84: aus: Ingeborg Bachmann: Werke, Bd. 1. Gedichte © 1978 Piper Verlag GmbH, München

54; 132: http://myweb.dal.ca/waue/Trans/0-TransList.html

56; 64; 65: Ulla Hahn, Herz über Kopf © 1981, Deutsche Verlag-Anstalt, München, in der Verlagsgruppe Random House GmbH

62: NZZ 16.11.2001

63: Hilde Domin, Einhorn. Aus: dies., Gesammelte Gedichte. © S.Fischer Verlag GmbH, Frankfurt am Main 1987

72: Judith Herzberg. In: Dinge. Gedichte. © Edition Korrespondenzen, Reto Ziegler, Wien 2001

78; 118; 120: aus: Rose Ausländer, Ich höre das Herz des Oleanders. Gedichte 1977–1979. © S. Fischer Verlag GmbH, Frankfurt am Main 1984

79: Ilse Aichinger, Gebirgsrand. Aus: dies., Verschenkter Rat. © S.Fischer Verlag GmbH, Frankfurt am Main 1978

80: Selma Meerbaum-Eisinger, Jürgen Serke (Hrsg.): Ich bin in Sehnsucht eingehüllt: Gedichte. Hoffmann und Campe, Hamburg 2005

85: Elisabeth Borchers, Gedichte: Der Tisch, an dem wir sitzen © Luchterhand Literaturverlag, München, in der Verlagsgruppe Random House GmbH

87: © bei der Autorin

88: Paula Ludwig, Psalm, aus: dies. Gedichte; Gesamtausgabe, Ebenhausen bei München 1986, © 2010 Verlag C. H. Beck, München

90: »Chor der unsichtbaren Dinge«, aus: Nelly Sachs, Werke. Kommentierte Ausgabe in vier Bänden. Herausgegeben von Aris Fioretos, Band 1: Gedichte 1940–1950. Herausgegeben von Matthias Weichelt. © Suhrkamp Verlag Berlin 2010.

91: Claire Goll: In: Mitwelt. Berlin 1918

92; 110: Anette von Droste-Hülshoff. In: Sämtliche Werke Bd 1. Hg. J. Schwering. Berlin: Bong 1912

98: Eva Loos: Geburtsort. In: Was du mir bedeutest. Mütter und Töchter (Milch und Honig), Berlin 2003

102: © Gabriele Hartlieb

104: Mascha Kaléko, »Alle Mütter« aus: Mascha Kaléko, Das lyrische Stenogrammheft. Kleines Lesebuch für Große, Copyright © 1978 Rowohlt Taschenbuch Verlag GmbH, Reinbek bei Hamburg

105; 117: Mascha Kaléko: Verse für Zeitgenossen, erschienen 1958 im Rowohlt Verlag, Reinbek © 2015 dtv Verlagsgesellschaft mbH & Co. KG, München

106; 124: Quelle unbekannt

108; Hilde Domin, Ziehende Landschaft. Aus: dies., Gesammelte Gedichte. © S. Fischer Verlag GmbH, Frankfurt am Main 1987

109: Luise Hensel. In: Ludwig Reiners (Hg): Der ewige Brunnen. Ein Hausbuch deutscher Dichtung, München 1955

116; 141: Mascha Kaléko: In meinen Träumen läutet es Sturm. © 1977 dtv Verlagsgesellschaft, München

122: Ute Zydek, aus: »Hat wohl jemand eine Harfe in den Baum gehängt«. Gedichte und kleine Prosa © Aufgang Verlag Augsburg, 2015, Rechte bei der Autorin

123: © bei der Autorin

126: Hilde Domin, Die schwersten Wege. Aus: dies., Gesammelte Gedichte. © S.Fischer Verlag GmbH, Frankfurt am Main 1987

128: Hilde Domin, Älter werden. Aus: dies., Gesammelte Gedichte. © S.Fischer Verlag GmbH, Frankfurt am Main 1987

130: »Allegro Ma Non Troppo«, aus: Wisława Szymborska, Hundert Freuden. Gedichte. Herausgegeben und aus dem Polnischen von Karl Dedecius. © der deutschen Ausgabe Suhrkamp Verlag Frankfurt am Main 1996.

133: aus Hanna Arendt: Ich selbst, auch ich tanze. Die Gedichte © 2015 Piper Verlag GmbH, München

142; 155: © Dr. Dieter Schnebel

143: Adele Schopenhauer: zitiert nach: http://www.klassik-park.de/html/adele_schopenhauer_.html

144: Anna Louisa Karschin: Auserlesene Gedichte, Berlin 1764, S. 7

148: Cordelia Edvardson, Jerusalems Lächeln. Gedichte. Aus dem Schwedischen von Anna-Liese-Kornitzky. © Carl Hanser Verlag, München 1993

149: Susanne Niemeyer. Gott – Held. In: der andere advent 2009 © Susanne Niemeyer, Hamburg

150: © Petra Stadtfeld, Bestärkt! Kraftgebete. Herder 2014

151: Mechthild von Magdeburg: Gott ähnelt der Seele in fünf Dingen. Übers. Von Thomas Kling. In: Sprachspeicher. 200 Gedichte auf deutsch vom achten bis zum zwanzigsten Jahrhundert, DuMont Buchverlag, Köln 2001, 59

152: Christine Lavant: Zu Lebzeiten veröffentlichte Gedichte, hg. und mit einem Nachwort von Doris Moser und Fabjan Hafner © Wallstein Verlag, Göttingen

160: »Rhapsodie«, aus: Friederike Mayröcker, Gesammelte Gedichte 1939–2003. Herausgegeben von Marcel Beyer. © Suhrkamp Verlag Frankfurt am Main 2004. Alle Rechte bei und vorbehalten durch Suhrkamp Verlag Berlin.

Panka Chirer-Geyer

ist gebürtige Niederländerin und lebt heute am Rand des Schwarzwalds. In ihrem künstlerischen Schaffen geht sie den Themen Heimat und der Verbundenheit mit sich und anderen nach. In Form von Performances und Einzelausstellungen sind ihre Werke in Deutschland und den Niederlanden zu sehen.
www.panka.info

Zu den Bildern in diesem Band (jeweils Ausschnitte):

Margot Käßmann

Prof. Dr. theol., Pfarrerin und Deutschlands bekannteste Theologin, ist seit April 2012 Botschafterin der EKD für das Reformationsjubiläum 2017. Margot Käßmann ist Mutter von vier erwachsenen Töchtern. Zahlreiche Veröffentlichungen.

www.herder.de

Autorenfotos:
Margot Käßmann © Julia Baumgart, EKD
Panka Chirer-Geyer © Stefan Weigand

Umschlaggestaltung: wunderlichundweigand
Umschlagmotiv: Panka Chirer-Geyer, Verbunden 1 (2011)

Layout: wunderlichundweigand
Herstellung: Graspo, CZ, Zlín

Printed in the Czech Republic

ISBN 978-3-451-35007-8